J. Sudbrack · S. May

Daß ich nicht taub sei für deinen Ruf

Josef Sudbrack
Sigmunda May

Daß ich nicht taub sei für deinen Ruf

Wort und Bild zu
den Geistlichen Übungen
des Ignatius von Loyola

echter

Der Text der Exerzitien wurde nach der Übersetzung von Peter Knauer SJ (Styria, Graz u. Wien – Köln, 1978) wiedergegeben.
Die Bilder stammen von größeren Originalen.

Umschlag, Gestaltung: W. Thierfelder
Gesamtherstellung: Fränkische Gesellschaftsdruckerei, Würzburg
ISBN 3 429 00652 X

Inhalt

Zur Einführung: »Ich lasse dich nicht, bis du mich segnest.«

(Gen 32,26)

Die geistlichen Übungen des Ignatius von Loyola (1491–1556), Exerzitien genannt, gehören zu den einflußreichsten Büchern der Weltgeschichte. Ihr Text aber sperrt sich dem lesenden Zugriff. Erst wer die Anweisungen »übt«, wird in ihren Sinn eindringen; erst in der Praxis erschließt sich die Bedeutung der Worte. *Die Praxis der Übungen* aber ist eine doppelte: Sie besteht zuerst im schlichten *Meditieren der Geschichte Jesu*. Ignatius beschreibt dies: »das wirkliche Fundament der Geschichte nehmen, es selbständig durchgehen und bedenken und etwas finden, was die Geschichte ein wenig mehr erläutern oder verspüren läßt« (2). Die Meditation soll den Menschen mit all seinen Fähigkeiten erfassen; Ignatius kennt die »Anwendung der fünf Sinne«. Deshalb wünschte er sich Bildvorlagen, die dem Meditierenden das »Schauen« der Geschichte Jesu Christi – mit den Augen des Leibes, mit den Augen des Herzens – nahebringen.

Im vorliegenden Buch möchten die Holzschnitte von Sigmunda May das *»Schauen und Meditieren«* Jesu Christi unterstützen. Die beigefügten Kurz-Texte sind Hinführungen zur eigenen Meditation. Ignatius meint: Für sich etwas in der Geschichte Jesu erspüren, »ist von mehr Geschmack und geistlicher Frucht, als wenn der, der die Übungen gibt, den Sinn der Geschichte viel erläutert und erweitert« (2).

Im Meditieren des Lebens Jesu aber wird der Mensch *»geistliche Regungen«* erfahren – Ignatius nennt dies »Tröstungen oder Trostlosigkeit« und »von verschiedenen Geistern bewegt werden« (6). Wer sich auf Jesus einläßt, wird von ihm ergriffen. Dazu gibt das Exerzitienbüchlein detaillierte Anweisungen: Was es um diese Regungen ist. Wie man sie beurteilen muß. Auf welche Weise sie den Meditierenden in die Entscheidung für Gott und für ein Leben mit Gott führen.

In diesem Buch möchten die längeren Texte des *»Nachsinnens über ...«* Anstöße geben, in heutiger Sprache, in unserer Welt, mit heutiger Theologie diese Begegnungserfahrung mit Jesus zur Entscheidung reifen zu lassen. *Dieses Ziel* nämlich haben die geistlichen Übungen: Der Mensch soll Gott finden und vor Gott seinen Lebensweg. Die Autoren des Buches haben keinen dringlicheren Wunsch als diesen: Der Leser möge sich Zeit zum Meditieren nehmen, möge mit den Bildern in die »Geschichte Jesu«, in die Person des Herrn eindringen; er möge von neuem den Ruf Jesu vernehmen und sich ihm aufschließen: »Daß ich nicht taub sei für deinen Ruf« (91).

Die Kunst des Holzschnitts ist für dieses Meditieren überaus geeignet. Zu Beginn dieses Jahrhunderts fand sie zurück zu ihrer ursprünglichen Kraft. Geboren wurde sie im 14. Jahrhundert, im Ringen mit dem Material, mit der Ausdruckskraft des Holzes. Der handwerkliche Umgang mit Holz erfordert vom Künstler Klarheit und Monumentalität; er muß großzügig arbeiten, kann sich nicht in Farbschattierungen flüchten und zarte Pinsel benutzen. Blöcke, Gruppierungen, Bewegungen übersetzen sein Anliegen ins Holz; Tiefenperspektiven müssen fortfallen. Maserungen und Strukturen – das Eigenleben – des Holzes fordern den Künstler heraus. Jeder

Schnitt ist endgültig; radieren und übermalen ist nicht möglich. Es entsteht eine Art Ehebund zwischen Künstler und Material; das Kind beider ist der Holzschnitt. »Erst wenn das Unterbewußtsein instinktiv mit den technischen Mitteln arbeitet, kommt die reine Empfindung auf die Tafeln, und die technischen Beschränkungen werden zu Helfern, nicht zu Hemmungen« (Kirchner).

Sigmunda May überträgt die Anliegen des Evangeliums ins Holz. Ein noch abstraktes Bild im Inneren wird durch die Arbeit der Hand am Holz gleichsam inkarniert, gewinnt Leben im Leben des Holzes. Die Schnitte werden ausdrucksstark und fordern deshalb heraus. Die Herausforderung ist eine christliche – Sigmunda May hat als Ordensschwester ihr Leben unter den Ruf Christi gestellt. Aus dem Leben der Künstlerin erhalten die Holzschnitte fordernde Kraft zur Stellungnahme, zur Entscheidung.

Das alttestamentliche Bild vom Kampf des Jakob mit dem Engel führt in die Begegnung mit Jesus ein: »Ich laß dich nicht, bis du mich segnest« (Gen 32, 26). Jakob steht vor seinem Lebensauftrag, Israel, Gottesstreiter, Stammvater des Volks der Verheißung zu werden.

Uralte Mythen erzählen den Kampf der Götter gegen das Weltchaos, den Kampf der Helden gegen die Drachen, den Kampf des Lichtes gegen die Finsternis, den Kampf des Menschen mit seinem Schicksal. Jeder Mensch trägt die Angst solcher Erfahrungen in sich. Die Bibel legt diese Ängste in den Jakobskampf: »Da rang ein Mann mit ihm, bis die Morgenröte anbrach ... Jakob sprach: Ich lasse dich nicht, bis du mich segnest ... Jakob sagte: Ich habe Gott von Angesicht zu Angesicht gesehen« (Gen 32, 24–30).

Wir erschrecken. Wie gewaltig ist der Mensch, daß Gott mit ihm ringt! Wie gewaltig ist Gott, der den Menschen so groß erschuf! Alles menschliche Ringen – mit den Naturmächten, mit der dunklen Innenwelt, mit dem Tod – gipfelt in diesem Kämpfen. Das Ringen wird sinnvoll; denn es ist ein Ringen mit Gott, ein Ringen um Gott. Nur zögernd wagen wir zuzustimmen.

Abraham und Mose stellten sich diesem Ringen. Die Hiobgeschichte ist ein erschütternder Kommentar zum Bild des Jakobskampfes. Jeremia und der Gottesknecht der Jesaja-Lieder – sie alle kämpfen, sie ringen mit Gott. Und dann die Aufgipfelung: Jesus, alles überbietend, alles zusammenfassend. So schreibt der Hebräerbrief (5, 7): »In den Tagen seines Fleisches brachte er Gebete und Tränen vor den, der ihn vom Tod erretten konnte – und er wurde erhört.« Deshalb wurde er, der Erstgeborene, Vorbild und »Urheber ewigen Heils« (5, 9).

Es ist so! Des Menschen Mühen um sein Dasein, um den Platz in der Natur und Gesellschaft, um sein Innenleben, um die Annahme des Sterbens – all das ist in letzter Sinngebung ein Ringen mit Gott.

Doch es ist nicht ein Gott der Finsternis und des Abgrundes – das wissen wir seit Jesus; es ist der Gott des Lebens und der Liebe. Wo immer ein Mensch um den Sinn des Daseins ringt, wo er nach dem fragt, was er sei, wozu er lebe, dort sucht er den Gott Jesu Christi – sucht Gott in der Kraft Jesu Christi. Lapidar steht dies über den geistlichen Übungen: »Der Mensch ist geschaffen, um Gott unseren Herrn zu loben, ihm Ehrfurcht zu erweisen und zu dienen und mittels dessen seine Seele zu retten; und die übrigen Dinge auf dem Angesicht der Erde sind für den Menschen geschaffen« (23).

Ignatius möchte, daß man sich einübt in diese Grundhaltung vor Gott. Denn das ist der Sinn des Lebens: Gott als seinen Herrn anerkennen und all die Wirklichkeiten der Welt in diese Anerkennung führen; darin besteht das Ringen mit den Mächten der Welt, darin hat das Mühen um das eigene Menschsein seinen Sinn; und auch das Sterben fordert den Menschen auf, sich ganz und gar Gott zu übergeben.

Der Übungsplatz aber für diese »geistlichen Übungen« ist das Leben Jesu. »Denn es ist kein anderer Name unter dem Himmel für den Menschen gegeben, durch den wir gerettet werden sollen« (Apg 4, 12).

Die drei Bilder, die das Buch einleiten, möchten das Übungsfeld bereiten.

Im Jakobskampf wird der Bildrahmen gesprengt. Die Beine der Ringenden sind ineinander verknotet. Der Kampf dauert noch an. Aber schon klammert sich Jakob an die Arme des Engels – schmerzlich verletzt und zugleich sich bergend im gewaltigen Schild der Flügel. Es ist Gott begegnet: »Wer ihn berührt, muß sterben«, heißt es vom Gottesberg Sinai (Ex 19, 12). Jakob wird hinken, weil ihn Gott berührte. Jede Begegnung verletzt. Jesus ist Gott, seinem geliebten Vater, im Sterben am Kreuz begegnet – im Schmerz, in der Totalität des Todes.

Aber der Engel reißt Jakob nach vorne, zur Zukunft. Wohin führt das Leben? In welche Entscheidung? In neue Begegnungen? In neues Leid?

Jakob wird den Weg wagen, den der Engel weist. In neues Ringen, in neue Entscheidung, in neue Verwundung, in neues Sterben – aber deshalb in neue, tiefere Begegnung mit Gott, seiner Hoffnung und seiner Liebe. Jakobs Mühen wird im Volk Israel

weitergetragen. In dessen Mitte steht Jesus, der Erbe Israels. »Denn sind wir im Abbild mit seinem Tod zusammengewachsen, wohlan, so werden wir es auch mit seiner Auferstehung sein« (Röm 6, 4).
Der Hörende ist ganz zum Lauschenden geworden. Mit Ohr und Auge und offenen Händen hat er die Stimme vernommen. Hörend windet er sich aus dem Selbst heraus, und schreitend wagt er den Schritt nach vorne.
Die schauenden Hirten wachsen nach oben, ganz ins Schauen hinein. Über sich selbst hinaus halten sie Ausschau nach dem Glanz der Engel und dürfen hören: »Fürchtet euch nicht! Ein Kind ist euch geboren, Christus der Herr« (Lk 2, 10f.).
Die Holzschnitte sind ein Programm: Hören und Schauen und Dasein auf das hin, was Gott uns in der Begegnung mit Jesus zu sagen hat – den Jakobskampf mit Gott bestehen. Aber wir sind nicht allein; der Erstgeborene hat den Kampf siegreich durchgefochten. Wir wollen ihn bitten, daß er unseren Blick lenke und unsere Ohren öffne: »daß ich nicht taub sei für deinen Ruf« (91).
Betend faßt Ignatius den Sinn der geistlichen Übungen zusammen (234):
»Nehmt, Herr, empfangt meine ganze Freiheit,
meinen Verstand und meinen Willen,
all mein Haben und mein Besitzen.
Ihr gabt es mir;
Euch, Herr, gebe ich es zurück.
Alles ist Euer,
verfügt nach Eurem ganzen Willen.
Gebt mir Eure Liebe und Gnade,
denn dies genügt mir.«

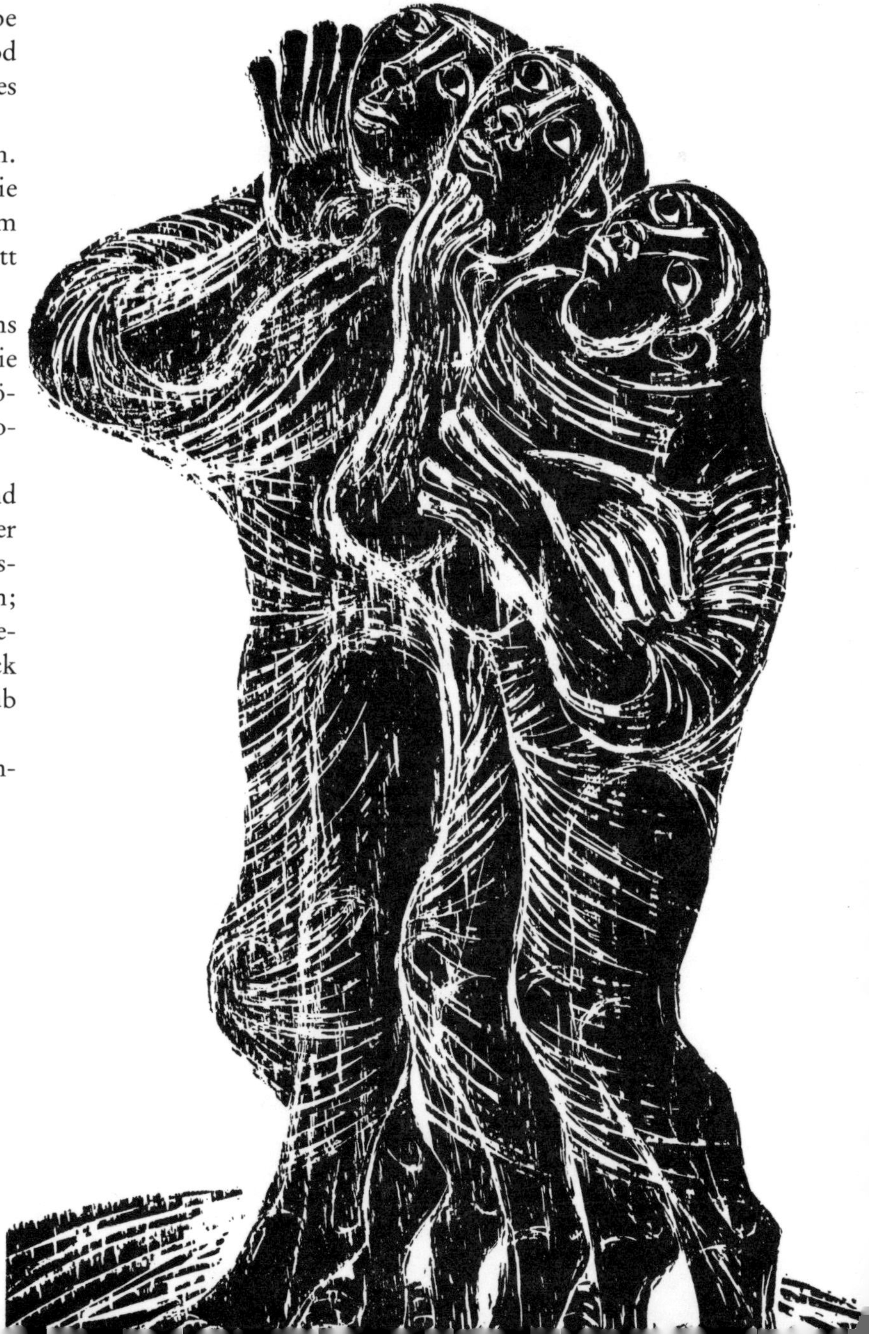

Elia, steh auf! Dein Weg ist noch weit

(1 Kön 19, 7)

Was geschah vorher? Ein dramatisches Gottesurteil hatte die Botschaft des Propheten erhärtet. 500 Baalpriester wurden abgeschlachtet. Elia erflehte seinem Volk den Regen. Aber seine Worte verhallten dennoch im Leeren. Elia flüchtet in die Wüste, will sterben und betet: »Es ist genug! Nimm, Herr, mein Leben!« (1 Kön 19, 4).

Was wird geschehen? Von neuem begegnet Elia Gott; von neuem erhält er Gottes Auftrag für das Volk. Doch der Herr ist nicht im Sturm, nicht im Beben, nicht im Feuer. Gott berührt Elia im »leisen, sanften Säuseln«. Der Jude Martin Buber übersetzt: »Stimme verschwebenden Schweigens« (1 Kön 19, 13).

Dazwischen spielt sich unsere Szene ab. Kraft- und mutlos liegt Elia am Boden. »Wie Wasser bin ich hingeschüttet, alle meine Gebeine lösen sich« (Ps 22, 15). Er ist Teil des Erdballs geworden. Die Schulter ragt empor wie eine Bergspitze – für einen neuen Kontakt mit dem Himmel? Oder als Abwehr gegen Gott, der ihn von neuem in Beschlag nehmen will?

Aber der Finger des Engels, der Zeigefinger der rechten Hand! Welch sprengende Kraft in der vorsichtigen Berührung! Leib, Flügel, Sein des Engels verwandeln sich in Feuer, in Kosmos, in Dynamik, in Leben, in den »Geist Gottes, der den Erdkreis erfüllt« (Weish 1, 7) – erfüllt mit Bewegung, Leben, Kraft, mit dem Auftrag Gottes. Die Engelsgestalt stemmt sich in den Erdball ein, um nicht fortgerissen zu werden vom Sturm des Auftrags, um Gottes Gewalt einzusammeln in den anrührenden Finger.

Der todes-süchtige Elia steht für die Grundanfechtung des Lebens. Die Alten sprachen von Akedia: Überdruß an allem, Verzweiflung am Sinn, Langeweile des Selbigen. Hätte die Versuchung doch nur Größe! Wäre da eine handfeste Sünde! Aber alles zerfließt, ohne Gestalt, ohne Sinn, ohne Forderung. Die alten Initiativen sind verdorrt. Nicht einmal ein Durst nach Neuem ist da. Nur Überdruß, Ekel, Langeweile – nur Akedia.

Was hast du eigentlich erwartet, Elia? Neue Strafgerichte? Soll Gott in Sturm, Blitz, Donner erscheinen? Was erwarte ich von Gott? Ein Licht über alle Dunkelheit hinweg? Eine Sicherheit ohne Wanken? Sicher, Gott ist und bleibt der Gewaltige, der Lenker aller Geschicke. Aber er lenkt still, behutsam. Mit der Fingerspitze eines Engels rührt er Elia an, kaum spürbar, leise, aber klar und bestimmt.

Es gilt, hellhörig zu werden, sensibel, wach. Keine Blitzeshelle wird den Alltag durchleuchten, sondern ein Stern wird vor ihm herziehen, ein leiser Fingerzeig. Wie oft schon erstarrte meine Schulter in kalter Abwehr! Doch Gott berührt leise, behutsam, zart. Gott spricht im »verschwebenden Schweigen«.

Laß mich hellhörig werden, o Gott,
sensibel für die Fingerzeige des Alltags.
Laß mich dir begegnen, o Gott,
in der leisen Macht der Stille,
in der Aufforderung des Anblickens,
in dem Fingerzeig des Engels.
Laß mich hellhörig werden, o Gott.
Laß mich dich finden, o Gott,
in der »Stimme verschwebenden Schweigens«,
in deinem Ruf.

Der Engel trat zu ihr ein
(Lk 1, 28)

Wie verschieden ist die Begegnung Marias mit dem Engel vom Jakobskampf und vom Angerührtwerden Elias! Kein Ringen und kein Schlafen, aber Wachsein und Bereitschaft. Die schauenden Augen und wartenden Hände öffnen sich wie ein Schoß zum Empfangen. Vom Kopf der Maria über ihre Rechte zum Begegnungsarm des Engels spannt sich ein Bogen nach oben. In ihn hinein reckt sich die Botenhand des Engels. Maria hört; ihr ganzer Leib ist Ohr, Empfangen geworden: »Jedes Wort, das von Gott kommt, ist mächtig« (Lk 1, 37).
In seiner Zurückhaltung hat der Engel nichts von der Gewalt eingebüßt. Die Füße stemmen sich an die Seite. Flammenflügel und Kopf überragen den Bildrand in die Weite des Alls. Raum und Zeit sind aufgehoben. Die Mitte der Schöpfung ist eingesammelt. Gottes Allmacht ist Gegenwart. Maria aber bekennt sich als Magd des Herrn.
In ihrem Innern geschieht das, was uns Ignatius als Meditationsanweisung mitgibt: »Die große Fassungskraft und Rundung der Welt sehen; ebenso danach im einzelnen das Haus und die Zimmer unserer Herrin, in der Stadt Nazaret in der Provinz Galiläa« (103).
Gott, niemand ermißt deine Größe.
Himmel und Erde sind das Werk deines Wortes.
Größer aber ist dein Tun, dein Wort an Maria.
Gesammelt ist Allmacht und Weisheit der Ewigkeit
in diesen Augenblick der Geschichte.
Gott, wer kann deine Größe ermessen?

1970

Sie gebar ihren erstgeborenen Sohn

(Lk 1, 7)

Die Figuren schwingen ineinander wie im Kreis – Maria, Joseph, die Tiere. Zugleich geht eine Wellenbewegung hindurch, die sich als Dach in der Mitte wölbt. Schon bevor man das Motiv erkennt, vermitteln Linien, Flächen und Bewegungen des Holzschnitts eine Erfahrung von Wärme und Geborgenheit – um den Kopf des Kindes gelegt, das einen Kreuzesnimbus trägt. Mutter und Kind stehen im Blickkontakt. Joseph – ohne Nimbus! – schaut behütend herab. Das trifft mich; wie auch Ignatius anleitet: »Dabei mache ich mich zu einem armseligen und unwürdigen Knechtlein, das sie anschaut, sie betrachtet und ihnen in ihren Nöten dient, ganz so, als wäre ich gegenwärtig« (114).

Warum ist das Weihnachtsfest uns so lieb? Warum wurde es durch die Jahrhunderte zum Fest des Vertrautseins, der Familie, des stillen Schenkens und der (oft sentimentalen) Lieder?

Gott ist uns vertraut geworden, als Kind; wir sind einbezogen in den Wellenschlag seiner Liebe.

Doch vergessen wir nicht: Betlehem ist überall und jederzeit. Ist dort, wo du Liebe schenkst; wo du dich einfangen läßt von fremder Güte; dort wartet Gott auf dich. Ruft er nicht am lautesten im Unscheinbaren, im Kind, im Kleinen?

Gott, laß mich erfahren, daß du überall da bist,
im Großen und – vielleicht mehr – im Kleinen.
Gott, laß mich die Nähe deiner Güte verspüren.
Gott, laß mich diese Erfahrung des Vertrauens
weiterschenken, an die Menschen, an die Kleinen.

Nachsinnen über den Menschen vor Gott

Auch wer sich Gott mit bestem Willen stellen möchte, kann seinen Anruf verfehlen. Er erwartet lautes Dröhnen – und überhört die feinen Stimmen. Er müht sich, nach innen zu lauschen – und vernimmt die Stimmung des eigenen Gemüts. Er wird gefangen vom Leuchten und Funkeln des Lichts – doch es ist nur Flittergold.

Geschult durch eigene Erfahrung und belehrt von der Weisheit der Überlieferung, verfaßte Ignatius »Regeln zur Unterscheidung«. Zur Unterscheidung des Gottesgeistes vom eigenen Antrieb; zum Sichtbarmachen der falschen Verlockungen; zum Entlarven von Banalität und Oberfläche. Diese Regeln sollen den Meditierenden in die Begegnung mit Gott hineinführen. Sie werden als klassischer Ausdruck christlicher Weisheit ihren unschätzbaren Wert behalten. In den folgenden Seiten des »Nachsinnens über ...« soll ihre Grundtendenz in das Sprechen und Fühlen unserer Zeit übersetzt werden.

Ignatius fordert den Christen auf, eine Haltung mit in die geistlichen Übungen zu bringen, die von der Überlieferung zugleich »Demut« wie »Großmut« genannt wurde. »Für den, der die Übungen empfängt, ist es sehr nützlich, mit Großmut und Freigebigkeit gegenüber seinem Schöpfer in sie einzutreten, indem er ihm sein ganzes Wollen und seine ganze Freiheit anbietet, damit seine göttliche Majestät sich wohl seiner Person wie alles dessen, was er hat, entsprechend ihrem heiligen Willen bediene« (5).

Ignatius verlangt ein bedingungsloses Offenstehen für Gott. In Demut weiß der Mensch, daß er nur von Gott her seinen Sinn empfängt; in Großmut übergibt er sich ganz diesem Gott. Solange einer noch Vorbehalte hat, wohin ihn denn Gott führen mag, verbaut er sich den freien Blick auf Gottes Weg und verstellt sich das Hören auf Gottes Ruf.

Dieses Offenstehen auf Gott hin aber entbindet die Kräfte des Menschen, setzt ihn voll Freimut in sein Tun und Wirken. Ignatius nannte diese Haltung Indifferenz.

Ob der Heilige jemals daran dachte, daß dieser Großmut für uns »andere« unerreichbar zu sein scheint? Doch er appelliert an eine tiefe Sehnsucht in jedem Menschen; an die Sehnsucht nach dem Ganzen, dem Endgültigen, nach dem letzten Geheimnis, das nur Gott sein kann. Diesen Funken der Sehnsucht wollen die geistlichen Übungen entfachen, zum Brennen und Leuchten bringen. Und so steht vor jeder ihrer Meditationen die Bitte um »die Gnade, die ich begehre. Das ist hier: Unseren Herrn um die Gnade bitten, daß ich nicht taub sei für seinen Ruf« (91).

Ob ich fest im christlichen Glauben stehe oder noch unterwegs bin, ob ich in christlicher Hoffnung suche oder im dunklen Suchen noch eben zu hoffen wage, eine solche Großmut-Demut muß da sein, wenn ich mich in das Ringen mit Gott einlasse. Gott selbst wird den Funken erglühen lassen, wenn ich nur ehrlich das Wagnis auf mich nehme.

Ignatius lenkt dann den Blick auf Jesus – so wie die Evangelien von ihm berichten. Er weiß, daß jede ehrliche Meditation mit der Gestalt Jesu aus der Bibel, mit der »Geschichte«, zur Begegnung wird mit Jesus selbst. Das ist der Grund, weshalb er nach der

vorbereitenden Selbstbesinnung schlicht und einfach die Geschichten von Jesus vorlegt. Von daher stammt die Forderung, daß man dem Übenden nur kurz das Wesentliche aus der biblischen Geschichte erkläre. Er soll selbst die Begegnung mit Jesus – und darin seinen eigenen Weg – finden.
Deshalb auch läßt Ignatius den Übenden sich vier-, fünfmal am Tage eine ganze Stunde lang mit dieser »Geschichte« des Jesus von Nazaret beschäftigen. Volle vier Wochen gehören diesen Meditationen, damit der Übende ganz und gar durchdrungen wird vom Geist des Herrn. Vier Wochen lang soll der Übende seinen Lebensstil dem Stoff entsprechend einrichten, den er gerade vor Augen hat.
Und deshalb leitet Ignatius zur ganzheitlichen Meditation an: alle Seelenkräfte sind zu aktivieren; die rechte Körperhaltung ist einzunehmen; die Kräfte der Phantasie sind zu beleben; fasten soll man und die Vorhänge schließen, wenn Jesu Trauer meditiert wird.
All diese Anweisungen sind kein Beiwerk, sondern wollen den Blick und das Sein des Übenden ganz und gar von Jesus gefangen werden lassen. Dann können im Meditierenden die Bewegungen wach werden, die überall aufblühen, wo ein Mensch dem anderen begegnet; die aber hier, in der Begegnung mit Jesus, Bewegungen des Geistes Jesu, des Geistes Gottes sind.
Deshalb besteht Ignatius so ausdrücklich auf das Hinschauen und Hinhören. Der Mensch wird herausgerissen aus der Ich-Befangenheit; dort fände er nur Schuldverhaftung und sublimen Hochmut. Gott ist mehr als die eigene Innerlichkeit; deshalb soll der Mensch sich von sich weg-, den Dingen Gottes zuwenden. Wo aber ist das Anliegen Gottes richtiger und gültiger verwirklicht worden als in seinem Sohn, Jesus Christus?
Ignatius ist wie Paulus, wie Bernhard, wie Papst Johannes Paul II. besessen von der Gestalt Jesu. Aber es ist eine Besessenheit im Geist Gottes; denn »Gott hat Jesus von Nazaret gesalbt mit heiligem Geist und Kraft« (Apg 10, 38).
So gut wie alles, was die geistlichen Übungen an Anweisungen enthalten, wird von hierher einsichtig: Beschäftigung mit Jesus, engagierte, suchende, ist Hineingehen in den Willen Gottes. Denn Gott ist mit Jesus.
Großmut – Demut – Freimut vor Gott, was alles in der ignatianischen Indifferenz enthalten ist, konkretisieren sich in der Begegnung mit Jesus. Die Offenheit auf Gott hin bekommt in der Offenheit auf Jesus die Züge des lebendigen Christentums.
Wer sich mit offenem Herzen – Großmut – Demut – Freiheit – Indifferenz – auf diesen Weg macht; wer nach Gott sucht und auf ihn wartet; wer Gottes Gegenwart für unsere Welt in Jesus meditieren möchte, der wird in sich den Geist Gottes, den Geist Jesu erfahren, der wird Gottes Ruf hören.
Zuletzt führt dieser Ruf wieder zur Welt. Denn er stammt von Jesus, will Nachfolge Jesu. Der Herr aber war – betend, tuend, meditierend, wirkend – für uns Menschen da; »um unseres Heils willen« singt das Apostolische Glaubensbekenntnis.

Gott, schenk mir die Unruhe des Herzens,
laß mich unterwegs bleiben zu dir.
Gott, befreie mich von den Fesseln des Herzens,
die nur Bande des Todes sind.
Gott, führe mich aus der Selbstbefangenheit heraus,
in den Reichtum deiner Botschaft.
Gott, laß mich Jesus, deinem Sohn, begegnen.

Meister, wo wohnst du?

(Joh 1, 38)

»Wo wohnst du?« hatten die Jünger gefragt. »Kommt und seht«, antwortet er – sonst nichts. Kommt und seht, was ich tue! Kommt und geht mit, wohin ich gehe! Kommt und hört, was ich sage! Kommt und seid bei mir, lebt mit mir, betet mit mir, tut Gutes mit mir! Kommt und folget mir nach! Ignatius möchte die Sinnspitze dieser Haltung herauspräparieren, wenn er schreibt: »Um Christus unseren Herrn nachzuahmen und ihm aktualer ähnlich zu sein, will und erwähle ich mehr mit dem armen Christus Armut als Reichtum, Schmähungen mit dem davon erfüllten Christus mehr als Ehren, und wünsche mehr, als nichtig und töricht um Christi willen angesehen zu werden, der als erster dafür gehalten wurde, denn als weise und klug« (167).

Einen Menschen lieben – nicht ihn studieren – bedeutet: ihn anschauen und alles andere darüber vergessen. Jesus nachfolgen heißt: alles andere geringachten um Jesu willen.

Im Holzschnitt vibriert die Situation der Entscheidung. Die fordernde Linie ist gezogen – Von Aug zu Aug. Unbeirrt geht Jesu weiter. Eine Hand weist den Weg. Die andere öffnet sich fragend-belehrend-fordernd. Die Jünger sind ineinandergeklammert, ein Bündel von Angst und Mut. Das Ja der Augen scheint von den Füssen noch nicht begriffen zu sein.

Wann traf mich Jesu Ruf? Gestern, heute, morgen?
Jesus, du schaust mich an – ich bin getroffen.
Jesus, du gehst voran – ich will dir nachfolgen.

Herr, wir haben die ganze Nacht gearbeitet

(Lk 5, 5)

Wie oft schon wollten wir, und nichts geschah, planten wir und endeten im Fehlschlag. Nicht Gelingen, sondern Fehlschlag scheint unser Leben zu begleiten. Hier ziehen drei Fischer angestrengt das Netz hoch – es ist leer. Petrus wird auf der Welle der Vergeblichkeit vor den Herrn gespült; er hält ihm die Hände entgegen – sie sind leer.

Jesus aber steht auf festem Grund. »Der Herr ist mein Fels.« Das Kreuz in seinem Nimbus gibt der Szene Gefüge und Halt. Jesu Linke greift zur Rechten des Petrus. Der weisende Finger der anderen Hand ist die Mitte des Geschehens; er unterstreicht den Auftrag: »Von nun an wirst du Menschen fangen« (Lk 5, 4–10).

Befremdlich ist, wie das leere Netz Jesu Schulter streift. Nicht dort, wo wir uns mühen, sondern wo Jesu Finger trifft, ereignet es sich, geschieht Berufung; dort glückt das menschliche Leben. Jesus ist noch Petrus zugewandt, aber will schon weiterschreiten. Er lädt ein – nicht zum Verharren, sondern zur Nachfolge.

Petrus antwortet – er weiß nicht wie –: Ja, Herr! Aber erst in der Nachfolge, im Mitgehen wird aus diesem blitzartigen Ja ein bleibendes Licht. Petrus tritt aufs Land, auf den Grund des Herrn. Der mißglückte Fischfang wird durch den weisenden Finger des Herrn zum Dienst des Menschenfischers. »Wenn jemand mir dient, so folge er mir; und wo ich bin, wird auch mein Diener sein. Wer mir dient, den wird mein Vater ehren« (Joh 12, 26).

Wo suche ich die Erfüllung des Lebens? In zurückgezogener Ruhe oder im arbeitsreichen Fischfang? Doch es gibt ein Drittes, das beides überragt: das Du eines Menschen, das Du Gottes, das Du, das den Petrus anruft. Weshalb brachte er sein Leben ein? Wegen eines Abenteuers? Oder wegen der Geborgenheit der Selbstfindung? Oder weil jemand, weil Jesus ihn rief? Nur in einem Du wird mir der Sinn meines Lebens geschenkt werden.

Petrus erfuhr den ansprechenden Jesus und übergab sich ihm bedingungslos: »Herr, wohin sollen wir gehen? Du allein hast Worte des ewigen Lebens« (Joh 6, 68).

Es gibt viele Wege der Nachfolge: Arbeit, Gebet, Öffentlichkeit, stilles Leben, Kirche, Familie, Gesellschaft. Aber alle bekommen von einer einzigen Stelle den letzten Sinn: Jesus! Er gibt dem Leben die Richtung auf Gott; er gestaltet Vergeblichkeit (Tod) zum Sinn (Auferstehung); er durchbricht die Selbstfindung zum Gebet und macht aus der Arbeit Dienst am Gottesreich.

Nachdem der Übende über die Nachfolge Jesu meditiert hat, gibt ihm Ignatius ein Gebet zur Hand, das Petrus hätte aussprechen können:

»Ewiger Herr aller Dinge, ich mache mit Eurer Gunst und Hilfe vor Eurer unendlichen Güte und ... allen heiligen Männern und Frauen des himmlischen Hofs mein Anerbieten, daß ich will und wünsche und es mein wohlüberlegter Entschluß ist, wofern dies nur Euer größerer Dienst und Lobpreis ist, Euch darin nachzuahmen, alle Beleidigungen, alle Schmach und alle sowohl aktuale wie geistliche Armut zu erdulden, wenn Eure heiligste Majestät mich zu einem solchen Leben ... erwählen und annehmen will« (98).

Nachsinnen über Gottes Kraft in menschlicher Freiheit

In einer berühmten Devise hat man das Anliegen des Ignatius von Loyola zusammengefaßt: »Vertraue so auf Gott, als hinge alles von dir ab – setze dich so ein, als geschähe alles durch Gott.«

Die scheinbare Unlogik der Worte deckt die tiefere Logik der Sache auf, des Zueinanders von menschlicher Freiheit und göttlicher Gnade: »Ganz auf Gott vertrauen, und es deshalb selbst tun. Es in eigene Verantwortung übernehmen, und deshalb alle Last auf Gott werfen!« So steht der Mensch in seiner Freiheit vor Gottes Gnade und Gottes Allmacht. Das ist zu bedenken:

Die meisten unserer Entscheidungen fallen aufgrund der sachlichen Verhältnisse und könnten im Raum des nüchternen Denkens gefällt werden.

Andere Entscheidungen werden aus einem inneren Erspüren getroffen. Zwar hat man die Gründe für und wider erwogen und dadurch das eigene Innere wie eine Geige gestimmt. Aber dann lauscht man nach innen – der Ton, der von dorther erklingt, gibt die Richtung der Entscheidung an.

Aber es gibt Entscheidungen, die auf ein Du hingehen. Auch hierbei werden Gründe erwogen, und das innere Fühlen wird ertastet. Aber die Entscheidung selbst fällt im Hinblicken, in der Begegnung der Augen, im Aufeinander-Zugehen. Man fragt sich: Bin ich es, der dem anderen sein freies Ja-Wort gibt oder zieht der andere mich mit seiner Liebeskraft unwiderstehlich an sich? Oder geschieht – und so wird es sein – beides nicht vielmehr in Einheit? Mein freies Ja und die Gegenliebe des Partners fallen in der Mitte zusammen. Dort sind sie um so mehr ein und dasselbe, je persönlicher, engagierter das gegenseitige Ja ist. Das Einflußnehmen in Liebe schränkt die Freiheit des Gegenüberstehenden nicht ein, sondern »befreit« sie. Nur in Kraft des geschenkten Vertrauens schenkt einer Vertrauen. Diese Erfahrung ist ein Letztes, nicht mehr weiter aufzulösen. Es ist ein und dasselbe – die frei geschenkte und die frei empfangende Liebe.

Und so geschieht die Entscheidung für Gott – nur eben, daß der Partner Gott ist und das Entscheiden von seiner liebenden Allmacht umfangen ist. Unser Sprechen über Freiheit und Gnade ist deshalb ein Stammeln. Aber nirgendwo ist der Mensch so frei wie dort, wo er von Gottes Gnade gezogen ist. Wo Unfreiheit entsteht, ruft nicht Gott, sondern ein anderer. Wen Gottes Ruf trifft, der »muß« folgen; doch dieses »Müssen« ist frei, liebend, geboren aus eigener Entscheidung – davon weiß ein jeder, den Gott gerufen hat.

Er weiß von der Gnade, die Gottes Liebe, die Gottes heiliger Geist ist. Niemand kann Ja zu Gott sagen, »kann sagen: Herr ist Jesus, außer im Heiligen Geist« (1 Kor 12,3).

In der Begegnung mit Jesus fällt die Entscheidung für Gott. Die Israeliten seiner Zeit spürten die Macht seiner Worte und die Kraft seines Tuns. Im Rabbi Jesus spürten sie die »Anziehungskraft«, die Liebe, die Stärke Gottes, Sünden zu vergeben – wofern sie dieser Kraft nur Raum gaben, wofern sie glaubten.

Dasselbe geschieht auch heute überall dort, wo sich ein Mensch Jesus öffnet – seiner Lehre, seinem Wirken in der Kirche, seiner Liebe in den Menschen.

Deshalb bildet für Ignatius die Meditation Jesu, seiner Worte, seiner Taten, das Herz der Exerzitien. Der ganze Mensch soll sich dem hingeben.
Dieses ganzheitliche Meditieren ist eine ignatianische Grundregel: »Es ist nützlich, mit den fünf Sinnen der Vorstellungskraft durch die Betrachtung zu gehen; mit der Sicht der Vorstellungskraft die Personen sehen; mit dem Gehör hören, was sie sprechen oder sprechen können; mit dem Geruch und mit dem Geschmack riechen und schmecken die unendliche Sanftmut und Süße der Gottheit; mit dem Tastsinn berühren ... Dabei sich immer bemühen, Nutzen daraus zu ziehen« (121–126).
Die Liebe Gottes zu den Menschen, zu »mir« ist in Jesus erfahrbar geworden. Wenn der Mensch, wenn »ich« den Weg suche, der Gottes Liebe entspricht, dann kann dies nur geschehen in der Erfahrung dieses Jesus.
Und zugleich ist dieses Suchen nach dem Willen Gottes in der Begegnung mit Jesus die Bereitung der Freiheitstat des Menschen, »meiner« Freiheit. Denn Gottes Liebe ist der Grund meiner Freiheit. In der Begegnung zweier Menschen ereignet andeutungsweise, daß die Liebe des einen und die Freiheit des anderen identisch werden; die Urwirklichkeit ist die Begegnung des Menschen mit Gott: »Meine« Freiheit *ist* Gottes Liebe und Gnade zu mir. Je tiefer ich in den Ruf Gottes, in seine Liebe zu mir hineinhöre, desto freier wird meine Entscheidung für Gott, für mein Leben vor Gott, für mein Leben in Gottes Willen. Rechne nicht damit, daß Gott dir mit lauter Stimme seine Absicht kundtut. Das wäre Gewalt, nicht Führung. Aber sein Geist wird dir, der du dich meditierend und betend Jesus zuwendest, leise Erfahrungen des Herzens schenken; Ahnungen, die zur Gewißheit erblühen. Er wird deine Neigungen zur Entscheidung und zum Wollen wachsen lassen. Das ist das Wirken des Gottesgeistes in Jesus Christus; er lebt dort, wo sich jemand Jesus zuwendet. In ihm, dem Leben Gottes, wird der Mensch frei – frei aus der Liebe Gottes.
Beschreibungen klingen unbeholfen und karg. Erst im Tun, im Entscheiden bekommt das Beschriebene Blut und Leben. Jedes Reden über die »freie Entscheidung aus dem Geist Gottes in der Begegnung mit Jesus« bleibt farblos, bleibt nur ein Hinweis für den Meditierenden: Er soll sich Jesus zuwenden, soll die Erfahrung des Geistes machen, soll seine Freiheit in Gottes Liebe finden, soll seine Entscheidung wagen.
Erinnere ich mich nicht an Entscheidungen – als ich wußte: dieser Mensch gehört zu mir? als ich sicher war um meinen Weg? als mir klar wurde: dies ist zu tun, jenes zu lassen? als ich mich im Willen Gottes wußte, schlicht, einfach, selbstverständlich?
Das waren Befreiungen zur Freiheit! Ich ahnte – vor dem Menschen, vor dem Wert, vor Gott: – Freiheit gibt es nur im Ja meines Herzens, in der Hingabe meiner Selbst, in der Ganzheit Gottes.

Herr, ich will mich einlassen auf Jesus
– es gibt nichts Größeres in meinem Leben.
Herr, ich möchte den Geist deiner Liebe erspüren
– es gibt nichts Wichtigeres auf meinem Weg.
Herr, ich will mich dir hingeben
– nur so werde ich frei.
Herr, mein Jawort gehört dir
– denn deine Liebe gehört mir.
Herr, laß meine Freiheit sich wiederfinden
in deiner Liebe.

Wer von diesem Wasser trinkt

(Joh 4, 14)

Die Szene am Jakobsbrunnen scheint locker ins Bild gesetzt zu sein. Die Samariterin will hinweggehen, greift aber zurück an den Brunnen. In diesem Griff kommuniziert sie mit der lehrenden Geste Jesu – Dreieck der Begegnung! Auch Jesus macht eine Rückwendung zur Bildmitte, zur Samariterin – Brunnen der Begegnung!

In den Vätergeschichten des Alten Testaments ist der Brunnen das Symbol von Einwurzelung, von Heimat. Er gibt der Herde die Existenz, das Wasser; um ihn wächst Leben; an ihm treffen sich die Menschen; er wird als Zeichen der Hoffnung errichtet auf das ewige gelobte Land, das Gott seinem Volk verheißen hat. Die lehrenden Hände Jesu zeigen: Jetzt ist er Bildmitte, Quell des lebendigen Wassers, Fülle der Verheißung. Die lehrenden Hände bauen Kommunikation auf, spenden der Samariterin neue Lebenskraft. Gewiß, sie wird aus dem Bild hinausgehen – aber mit der Gewißheit vom wahren Quell, vom Wasser ewigen Lebens.

Die Windungen des Brunnenseils verbinden beide Figuren noch enger. Es ist zum Wasserschöpfen da, hier aber zeigt es, wer – auf dem Brunnen sitzend – das wahre Wasser ist. Das verschlungene Ende des Seils fällt in den offenen Raum zwischen Jesus und der Frau. Das Gespräch, der Austausch ist geknüpft – obgleich seine Züge noch verworren sind.

Das Dach gibt der Szene Schutz wie ein Himmelsgewölbe über der Verheißung. Wie ein Baldachin wölbt es sich über dem Thron des Brunnens. Auf ihm sitzt der, der Quell des Lebens ist. »Wer von diesem Wasser trinkt, das ich ihm geben werde, wird in Ewigkeit nicht dürsten; das Wasser, das ich ihm geben werde, wird in ihm zu einer Quelle werden von Wasser, das sprudelt, um ewiges Leben zu spenden« (Joh 4, 14).

Die Samariterin wird in das Leben hineingehen. Sie durfte Jesus sehen, ihn hören, ihm begegnen. Sie kostete am Brunnen der Weisheit das Wasser der Ewigkeit. Wir wissen nichts von ihrem späteren Leben. Aber sie ist eine andere geworden. Sie ist ihm begegnet.

Sie wird selbst zur Quelle werden, aus der andere das Lebenswasser trinken können. Sie wird durch ihr Leben – auch mit Worten – verkünden, daß Jesus das Wasser des ewigen Lebens ist.

Wo ist mein Samariterbrunnen? Wo ist der Ort, an dem Jesus mir begegnete? Niemand wird geben können, der nicht empfangen hat. Niemand wird übersprudeln, wenn er nicht erfüllt ist. Niemand wird christlich leben, der nicht christlich betet. Was ist Beten anders als ein Gang zum Brunnen des ewigen Lebens, ein Gang zum Quell des göttlichen Wassers, ein Gang zu Jesus!

»Aus jener Stadt glaubten viele von den Samaritern an ihn um des Wortes der Frau willen« (Joh 4, 39). Wer wird an Jesus glauben, weil ich Christ bin? Weil ich vom Wasser des Lebens trinken darf? Weil ich bete?

Jesus, laß mich dich finden am Brunnen der Begegnung!

Jesus, laß mich trinken vom Wasser des Lebens!

Jesus, laß mich offen werden für dein Wort!

Jesus, laß deinen Quell in mir weiterströmen!

Jesus, laß mein Leben zum Zeugnis für dich werden!

Frau, du bist von deiner Krankheit geheilt

(Lk 13, 12)

Der In-sich-Verkrümmte galt in der alten Spiritualität als Symbol der Sünde, der Abwendung von Gott. Jesus hält der Frau die offene Hand hin; sie fällt in ihrer Verkrümmung auf seine Rechte; dort ist sie geheilt. Sie muß nichts tun, als sich fallen lassen – mit ihrer Krankheit, ihrer Schuld; wo sie hinfällt, dort wartet Jesus. Mit offenen Händen zeigt die Frau ihre Bereitschaft, sich fallen zu lassen, sich nicht festzuhalten an eigener Größe oder Schwäche, am Stolz. Ihr wendet sich Jesus, der »Heiland«, zu, ihr, der Kranken, Gebeugten, Schwachen. Mit den Augen blickt er die Gruppe der Zuschauer an; belehrt sie in der Rückwendung des Lebens und den gekreuzten Armen – Kreuzbalken der Heilung, Kreuzbalken der Weisung: »Diese, eine Tochter Abrahams, mußte sie nicht am Sabbattag von dieser Fessel befreit werden?«

Der geschlossene Block der Zuschauer reagiert unterschiedlich: neugierig, drängend, zurückweichend, die Hände öffnend zur bereiten Geste. Die einen wurden beschämt, die anderen freuten sich.

Wohin gehöre ich: zu den Zuschauern – mich zurückwendend oder bereit? Oder lasse ich mich auf den Herrn fallen mit den Wunden meines Lebens, meines Krummseins?

Der Herr aber wendet sich der Frau zu, zur Demut der Gekrümmten, Leidenden, zur Sünderin.

Ich will, o Herr, auf der Seite der Sünder stehen.
Ich will, o Herr, meine Verkrümmtheit bekennen.
Ich will, o Herr, in die Hand deiner Liebe fallen!

Wer unter euch ohne Sünde ist

(Joh 8,7)

Da ist der Halbkreis der Umstehenden; mit Fingern weisen sie auf die Ehebrecherin; hämische, selbstgefällige Worte tauschen sie aus. Es ist furchtbar, moralisch gebrandmarkt, schamlos entkleidet im Licht der Öffentlichkeit stehen zu müssen.
Da ist der Innkreis Jesu und der Frau. Sie schuldbewußt, voll Scham sich zusammenkauernd, mit ängstlichen Augen auf Jesu Finger schauend. Da ist der Halbkreis des schreibenden Jesus.
Ihn übersehen die sieben Ankläger. Sie fixieren die Frau; diese schaut auf den Herrn. Jesus aber ist gesammelt in sich und schreibt aus innerer Ruhe in den Sand hinein.
Aber die Finger! Wie ein Kreislauf geht ihr Zeigen durch die Reihe der Ankläger über den demütig wartenden rechten Arm der Frau hin zum Kopf und zur Schreibbewegung Jesu. Was schrieb Jesus in den Sand? Ein Wort, das niemand mehr kennt, in dem aber das Geheimnis seiner Sendung vom Vater für die niedergedrückten Menschen ausgesagt ist.
Dann richtet Jesus sich auf: »Wer unter euch ohne Sünde ist, werfe den ersten Stein.«
Der Halbkreis der Anklage zerbricht; zurück bleibt Jesus mit der Frau – mit dir, mit mir, mit uns, die wir nicht anklagen, sondern auf ihn blicken; die wir hören dürfen: »Auch ich verurteile dich nicht; geh hin, sündige nicht mehr.«
Die Dramatik des Holzschnitts entspricht einer menschlichen Grunderfahrung. Wer je vergeben durfte – nicht aus Zwang und Zufall, sondern aus gesammelter Freiheit – und wem je vergeben wurde, beide wissen: Hier geht es nicht um schöne Gesten von Mitleid und Vergessen. Hier geschieht Neuschöpfung. Der Finger Jesu ist der Finger Gottes. Vergebung ist immer ein Neubeginn – oftmals wichtiger und tiefergreifend als der Uranfang. Nicht das einmalige Beginnen, sondern das Dennoch des neuen Anfangs macht den Menschen aus.
Durfte ich schon Vergebung erfahren? Kann ich selbst vergeben? Sicherlich gibt es in meinem Tagebuch Blätter mit solchen Erlebnissen. Aber sie sind alle nur Spiegelbild der größeren Wirklichkeit: Gott vergibt! Jesus ist der Ort der Geschichte, wo dies gewiß wurde. Von seinem Leuchten fällt Licht auf unser Mühen um Vergeben und Sich-vergeben-lassen. Von ihm her werden wir stark, Vergebung zu schenken, zu empfangen.
Gibt es ein besseres Zeichen des Jüngers Jesu als den Mut zu vergeben, weil ihm vergeben wurde? Gibt es ein festeres Band der Gemeinschaft als das des Vergebens? Wo stehe ich – vor Gott, vor den Mitmenschen?
Der Kreis um die Frau verläuft sich. Aber ein anderer wird sich schließen – derer, die einander schätzen, helfen und vergeben aus der Kraft der Vergebung.
Gott, dein Sohn sagt mir: Ich verurteile dich nicht; geh hin, sündige nicht mehr.
Gott, vergib mir meine Verfehlungen!
Gott, schenk mir die Erfahrung der Vergebung!
Gott, weite mein Herz, daß es vergeben kann!
Gott, demütige meinen Stolz, daß er sich vergeben läßt!
Gott, schließe um mich den Kreis derer, die im Vergeben einander gefunden haben!

Du Kleingläubiger, warum zweifelst du?

(Mt 14, 31)

Diesen Strudel von Verzweiflung, diesen Wirbel der Sinnlosigkeit, diesen Abgrund des leeren Nichts, dieses offene Höllenmaul hat jeder schon erfahren, stand in Ahnung vor ihm, und er wich erschrocken zurück. Petrus wirft die Hände auseinander wie zu einem Kreuz. Ahnt er, daß er an ihm sterben wird? Doch es wird das Kreuz der Nachfolge, nicht das der Verzweiflung sein.

Nein, noch ahnt er nichts; all seine Kraft legt er in den Verzweiflungsschrei: »Herr, rette mich!« Jesus ist da – mit der stets wiederkehrenden Geste von Unterfassen und Belehren, von Helfen und Unterweisen. Aber Petrus muß noch tiefer sinken, dann erst liegt er in der Hand des Herrn. Dieser wird ihn nicht nur halten und heilen; er nimmt ihn mit auf den Weg der Nachfolge, auf seinen eigenen Weg zum Kreuz. Und dieses Kreuz wird ein Kreuz des Sieges sein. Die schlingernden Wasser werden zu Quellen des Friedens.

Und das Schifflein dort oben, das als hilfloser Ball auf der Fontäne schaukelt – wie wird es seinen Insassen ergehen? Ihr Kauern ist noch verlorener, noch ängstlicher als die ausgebreiteten Arme des Petrus. Werden sie den Mut haben und Petrus aufs Wasser folgen – trotz der Todesangst ihres Anführers? Werden sie den Ruf Jesu zur Nachfolge, ins Wagnis aufnehmen – auf die Gefahr hin, zu sinken und zu versinken?

Glauben und Lieben und Mit-jemand-Gehen sind immer Wagnisse, auch beim Menschen neben mir, den ich schätze und verehre. Auch Jesus ging das Wagnis ein und setzte seine ganze Liebe aufs Spiel – für das eine verlorene Schaf unter den hundert folgsamen, für den einen sinkenden Petrus. Jesus glaubt an Petrus, an die Menschen, an mich – über alle Unsicherheit und Schuld hinweg wagt er die Liebe.

Deshalb kann auch ich es wagen, an Menschen zu glauben und Menschen zu lieben. Deshalb setze auch ich den Fuß aufs Wasser und folge dem Ruf Jesu, glaube an ihn und liebe ihn, den Erstgeborenen Gottes.

Mein Leben ist ein Wagnis – ein verfehltes, wenn ich auf mich setze; ein verheißendes, wenn ich einem Menschen traue; ein Wagnis der Verheißung Gottes dort, wo ich auf Jesus hin und mit Jesus das Wagnis unternehme.

Wie schwankend ist der Grund meines Lebens? Steht es nicht auf Wasser? Auf der einbrechenden Brücke über dem Abgrund von Tod und Sinnlosigkeit? Mein Selbst bietet keine Sicherheit. Ich muß mich fallen lassen und die Arme ausbreiten. Er wird mich auffangen.

Er hat die Hand schon unter meiner. Er heißt mich, aufs Wasser zu treten. Er lädt ein zum vertrauenden Hingeben. Nicht festhalten, wie die dort oben, und dann scheitern. Sondern wagen, loslassen, wie Petrus, und in die Hand des Herrn sinken.

Und dann vor ihm in die Knie sinken, wie Petrus: »Du bist in Wahrheit Gottes Sohn!« (Joh 14, 33).

Herr, die Verzweiflung zieht mich hinab
– laß mich in deine Hände sinken!
Herr, die Angst umgreift mein Herz
– laß mein Kreuz zum Kreuz des Ostersieges werden!
Herr, die Wasser verschlingen mich
– öffne mir den Abgrund deiner Liebe!

1975

Ich habe aufgespielt, ihr habt nicht getanzt

(Mt 11, 17)

Auch das ist Jesus! Ein Kindervers und eine Aufforderung zum Tanz interpretieren uns den Ruf in seine Nachfolge. Das beiläufig überlieferte Jesuswort deckt einen Wesenszug der Nachfolge auf. Wer nicht froh zu spielen vermag, kann auch nicht den Ernst des Lebens begreifen. Wie oft laden die Psalmen zu Musik, Pauken, Zimbeln ein! Wieviel Tanz, Festlichkeit, Frohsinn kennt die Bibel! Selbst die ewige Weisheit spielt in Gott, wie das Alte Testament ahnend von Jesus, dem ewigen Wort, sagt. Paulus fordert auf: »Singet und spielt in eurem Herzen dem Herrn!« (Eph 5, 19).

Der Holzschnitt ist klar gegliedert: die Aufforderung zum Tanz, die in der Flöte Gestalt gewinnt – die neugierig Wartenden. Hier Tanz – dort Sichabwenden, Stehen im unbeweglichen Block. Hoffentlich wird der Rhythmus der Flötenmusik ihn aufweichen, zum Reigen umbilden; und dann wird – wie auf einer alten Miniatur – der Hirt als Chorführer die Tanzenden zum Himmel geleiten.

Nachfolge Jesu als Spiel und Tanz – so wie es die Liturgie lebt, feierlich zwar, doch in der Leichtigkeit von Menschen, die sich daheim wissen.

Die Frage geht an mich: Bin ich froh, weil ich mit der Nachfolge Ernst mache? Kann ich tanzen, weil ich mein Leben ins Spiel bringe, in das Spiel Gottes?

Nach deinem Flötenspiel will ich tanzen, Herr.
Nach deiner Stimme möchte ich singen, Herr.
Im Jubel von Ostern möchte ich mich freuen, Herr.
Im Ernst deiner Nachfolge will ich leicht sein, Herr.

Nachsinnen über die Entscheidung vor Gott

Die Nachfolge Jesu muß sich im Leben bewähren; vorher bleibt das Reden darüber leere Formel und hohle Phrase. Deshalb bittet Ignatius: »Gott unser Herr bewege meinen Willen und lege in meine Seele, was ich tun soll« (180). Ignatius möchte dem Meditierenden kein vages Gott-Verspüren vermitteln, sondern ihn in eine klar umrissene Entscheidung führen. Aber diese Entscheidung wächst aus dem ganzen Menschen.
Schon das Sprechen von »Regungen, die in der Seele verursacht werden« und die der Meditierende »einigermaßen verspüren und erkennen« soll (313), zeigt, daß verstandliche Einsicht und Stimmung des Gemüts eingeschlossen und zugleich überschritten werden. Ignatius möchte eine tiefere Schicht im Menschen aktivieren. Da dort die Gefahren, Ängste und Verzweiflung lauern, die Freud Acheronta nannte, lenkt er den Blick des Meditierenden grundsätzlich von sich weg – auf Jesus. Die Heil-Kraft der Worte, des Wesens Jesu lenkt zerstörerische Kräfte im Menschen von vornherein auf gute, zu Gott führende Bahn. Erst in einer Art »zweiter« Aufmerksamkeit soll der Meditierende – behutsam, mit Hilfe des Exerzitienbegleiters – auch auf das achten, was im eigenen Inneren vor sich geht.
Die Rolle der Zeit und die Reife des Meditierenden sind zu beachten. Man muß die beschriebene großmütige Bereitschaft mitbringen – oder wenigstens, nach einem anderen Wort des Ignatius, die Sehnsucht danach, bereit zu sein für den Ruf Gottes. Zu anderen meint Ignatius, wenn »der, der die Übungen empfängt, von geringer Fähigkeit oder geringer natürlicher Fassungskraft ist, so daß man von ihm nicht viel Frucht erwartet, dann ist es angebracht, ihm einige dieser leichten Übungen zu geben« (18). Ignatius legte keine harten Regeln vor, sondern suchte sich dem Menschen und seiner jeweiligen Situation anzupassen: »Diese Übungen müssen je nach der Eignung derjenigen angewandt werden, die geistliche Übungen nehmen sollen« (18).
Fundament aller Entscheidung ist eine vernunftmäßige Umgrenzung und Strukturierung, innerhalb derer man sich auf die Suche nach Erfahrung begeben soll. Der Meditierende soll seinen Seelenzustand wie mit einer Waage abschätzen. »Erwägen, indem ich nachdenke, wie viele Vorteile oder Gewinne für den alleinigen Lobpreis Gottes unseres Herrn und das Heil meiner Seele sich für mich ergeben; und umgekehrt ebenso die Nachteile und Gefahren erwägen. Wiederum das gleiche für die andere Seite tun. Dann schauen, wohin sich die Vernunft neigt. Und so soll man nach der größeren Vernunftregung die Entscheidung treffen« (181/182). Nur innerhalb dieser Sachlichkeit findet der Mensch Gott und sich selbst. Oftmals genügt schon dieses vernunftgemäße Abschätzen der Situation zur Entscheidung.
Doch Ignatius weist in tiefere Erfahrungen ein. Er vertraut darauf, daß in der Seele, die zu Gott hin offen ist, der Geist Gottes lebt. Diese Offenheit soll in der Schriftmeditation wachsen; dahinein gleichsam soll der Suchende das halten, worum es geht – den künftigen Weg, die Alternative einer Entscheidung. In dieser Offenheit soll der Mensch dann beobachten – über längere Zeit –, wie seine Seelenstimmung schwingt. Die ständige Beschäftigung mit Jesus hat

den geeigneten Schallkörper geschaffen, in dem das künftige Ziel harmonisch oder disharmonisch aufklingt.
Das positive Mitschwingen der vom Geist Jesu durchzogenen inneren Verfaßtheit nennt Ignatius Trost: »wann in der Seele irgendeine innere Regung verursacht wird, mit welcher die Seele dazu gelangt, in Liebe zu ihrem Schöpfer und Herrn zu entbrennen, wann sie Tränen vergießt, die zur Liebe zu ihrem Herrn bewegen. Überhaupt nenne ich Tröstung alle Zunahme an Hoffnung, Glaube und Liebe und alle innere Freudigkeit, die der Seele Ruhe und Frieden in ihrem Schöpfer und Herrn gibt« (316).
Dieses Grundkriterium wird von Ignatius verfeinert. Je nach Situation kann die Unruhe (Trostlosigkeit) Stachel zum Besseren oder Versuchung zum Schlechteren sein. Nur in behutsamer Beobachtung und mit Einbeziehung aller Umstände kommt man weiter; auf jeden Fall mahnt Ignatius in solcher Erfahrung von Dürre, die Meditationsübungen nicht zu unterlassen, sondern eher zu intensivieren. Das Grundkriterium aber bleibt: »Bei denen, die vom Guten zum Besseren vorangehen, berührt der gute Engel diese Seele mild, leicht und sanft, wie ein Wassertropfen, der in einen Schwamm eindringt; und der böse berührt scharf und mit Geräusch und Unruhe, wie wann der Wassertropfen auf den Stein fällt« (335).
Das Schlechte kann das Aussehen des Richtigen, Guten haben; man spricht von Versuchungen unter dem Schein des Guten. Doch es hat einen »Schlangenschwanz«, entpuppt auf die Dauer seine wahre Natur (334). Sind aber »der Anfang, die Mitte und das Ende alles gut, zu allem Guten hingeneigt, dann ist dies ein Kennzeichen des guten Engels« (333).

All diese Kriterien – selbst »die Tröstung ohne Ursache, ohne jedes vorherige Verspüren oder Erkennen irgendeines Gegenstandes«, die »allein Gott unser Herr der Seele zu geben vermag« (330) – sind nur stimmig, wenn sie eingebettet sind in den meditierenden Umgang mit Jesus, begleitet von dem vernunftmäßigen Abschätzen und behütet vom Wissen der Kirche, worüber noch zu sprechen ist.
Ein Zug ist kaum bemerkbar in alle Überlegungen einbezogen. Es handelt sich ja um Wahl, um Entscheidung. Die volle Sicherheit über eine Lebensentscheidung aber kann ein Christ nur haben, wenn er sich selbst einbezieht; nur in der Entscheidung selbst und im Tun des Entschiedenen erwächst die letzte Sicherheit. Die Bibel sagt: »Wer die Wahrheit tut, wird sie erkennen.«
Ob ich unsicher werde wegen all des zu Beachtenden?
des Rahmens der Sachlichkeit?
des Erschwingens in die Tiefe?
des beobachtenden Abwägens von »Trost und Trostlosigkeit«?
des Muts zur Entscheidung?
Doch all das fügt sich zur Einheit im Blick auf ihn, auf Jesus:
Herr, du hast gesagt: Wer anklopft, dem wird aufgetan, wer sucht, der wird finden.
Ich will meine Tür weit öffnen, daß dein Geist eintrete.
Ich will an deiner Tür geduldig verharren, bis du öffnest.
Ich will hingegeben horchen auf deine Stimme in mir.
Ich will mutig mich dorthin entscheiden, wohin du mich haben willst.

Er nahm den Kelch und sprach das Dankgebet

(Mk 13, 23)

Im Paschamahl, der Erinnerung an die »große Befreiung«, war der Wein ein Freudenwein und der Kelch ein Dankeskelch. Man spürt die Freude auf dem Holzschnitt; sogar den Humor an dem plump in den Kelch greifenden Judas. Freude im Zusammensein von allen Seiten – wie es die Propheten allen Völkern verkündeten, die zum Zionsberg kommen werden, um Gott zu danken.

Von allen Seiten her liegen die Jünger auf Jesus zu, sind ein Zionsberg. Das Bild ist innig. Eng schmiegen sich die Köpfe aneinander; noch enger die Hände, als müßten sie greifend begreifen: Wie freundlich bist du, Herr! Ignatius spricht vom »Amt zu trösten, das Christus unser Herr ausübt, wie Freunde einander zu trösten pflegen« (224). Er ist überströmender Quell der Freude, Stamm, auf dem der Freudenbaum wächst. Er reicht den Kelch der Freude.

Doch dann hören wir Schmerz: »Mein Blut des Bundes, das für viele vergossen wird.« Abendmahl als Todesfeier! Judas ist dabei!

Versöhnung wächst aus Schmerz, Gemeinschaft aus Leid, Innigkeit aus Opfer, Freude aus Verzicht. Am Abend feierte er das Dankesmahl für das Leiden des Morgens. Im Gedächtnis seines Todes hat die Kirche ihre Mitte, die niemals sterben wird.

Herr, so möchten wir um dich geschart sein!
Herr, so möchten wir von dir den Kelch empfangen!
Herr, so möchten wir von dir getragen sein!
Herr, so möchten wir sterbend immer mit dir leben!
Herr, so möchten wir Gemeinde und Kirche sein!

Nachsinnen über das gemeinsame Stehen vor Gott

In der ersten Zeit seines neuen Lebens scheint Ignatius geglaubt zu haben, Entscheidung für Gott sei nur Sache der Einsamkeit, falle allein zwischen »mir« und »Gott«. Die Führung, der »Instinkt« des Geistes aber zog ihn immer tiefer in die kirchliche Gemeinschaft. Es gibt keine volle Entscheidung vor Gott neben dem »Wir« der lebendigen Kirche.

Wer Erfahrung und Entscheidung vor Gott sucht, muß sich in die Reihe der Erfahrenen und Entschiedenen eingliedern. Ignatius hat dies – nicht sehr geschickt – in den »Regeln für das wahre Gespür, das wir in der streitenden Kirche haben müssen« (352) entfaltet. Es geht nicht um Argumentation, nicht um blindes Gehorchen, es geht um Erfahrung. Mystische Terminologie klingt an: »Nachdem wir alles Urteil abgelegt haben, müssen wir bereiten und willigen Sinn haben, um in allem der wahren Braut Christi unseres Herrn zu gehorchen, die unsere heilige hierarchische Mutter Kirche ist« (353).

Vieles, was da gesagt wird, klingt äußerlich; scheint der Grundtendenz der Exerzitien zu widersprechen; scheint nicht mehr persönliche Erfahrung und darin Gottes Willen zu suchen; scheint uneinsichtigen Gehorsam, erfahrungsleeren Glauben zu fordern. Es steht dort der berüchtigte Satz: »Von dem Weißen, das ich sehe, glauben, daß es schwarz ist, wenn die hierarchische Kirche es so bestimmt« (365). Aber auch das gehört zu den geistlichen Übungen, zu den Anweisungen, christlich zu erfahren und sich zu entscheiden.

Der Meditierende soll zur vollmenschlichen, vollkirchlichen Erfahrung geführt werden, zur »Wir«-Erfahrung. Ignatius stieß wohl darauf durch die Begegnung mit Jesus. Nicht in einsamer Ich-Versenkung, sondern in Begegnung wird der Mensch zum Menschen. Diese Erkenntnis moderner Anthropologie wurde dem Ignatius in seiner Bekehrung geschenkt. Er begegnete dem Jesus der Kirche, den Heiligen in ihren Lebensberichten; er begegnete Gott und seinem Willen in mystischem Erleben.

Sein Uransatz von Erfahrung wuchs hinein in einen ungebrochenen Glauben an die Gemeinschaft der Kirche, »daß zwischen Christus unserem Herrn, dem Bräutigam, und der Kirche, seiner Braut, der gleiche Geist ist, der uns leitet und lenkt« (365). Die Innenerfahrung von Gott und das Wort der Kirche leben aus ein und demselben Geist Gottes.

Dies kann der Mensch auch in Einsamkeit erleben. Wenn aber diese Erfahrung ihre Mitte findet im Ja der Entscheidung vor Gott, treibt sie in die Gemeinschaft der Kirche hinein. Dort ist Gottes Geist ganz. Die Wir-Erfahrung des Glaubens ruht auf einer Wir-Erfahrung des Menschseins. Ein jeder ist eingeflochten in Muttersprache, Geisteserbe, Familie, Heimat, Umgebung. In Beschämung kann man sich dessen bewußt werden – daß man schuldig geworden ist am tragenden Grund der Gemeinsamkeit. Aber mehr noch sollte man dankbar sein für die Geborgenheit und das Vertrauen, für das »Wir«, als dessen Teil das »Ich« sich selbst findet; als dessen Teil das »Ich« tiefer zum Selbst findet, als es je für sich allein könnte.

Darauf baut sich die Wir-Erfahrung des Glaubens auf. Es ist beglückend, seinen eigenen kleinen, persönlichen Glauben unter den Glaubensbogen der

Kirche stellen zu können – als berge man sein eigenes Beten in das Stein-gewordene Gebet einer gotischen Kirche. Es ist beglückend, Glauben zu erfahren, der das eigene Suchen weit überragt; der dem eigenen Suchen Halt und Richtung schenkt; der das eigene Suchen nährt und wachsen läßt.
In solchen Erfahrungen bilden Dogma, Ritus, Lehre, Verfassung, Brauchtum der Kirche kein fremdes Gewand, sondern werden zu Räumen des größeren »Wir«, in dem der eigene Glaube seine Heimat findet.
Auch aus der Beschämung vor dem größeren »Wir« – Teilhabe an Schuld, eigenes Schuldigwerden am Ganzen – kann der persönliche Glaube wachsen, kann die Grunderfahrung von Abhängigkeit und Demut sich vertiefen. Wird überhaupt je ein Mensch die Erfahrung von seiner Abhängigkeit von Gott machen, wenn er nicht irgendwo die Abhängigkeit von der Wir-Gemeinschaft erlebt hat?
Das Netzwerk von Erfahrung innerhalb der Wir-Gemeinschaft aber ist dort zusammengeknüpft, wo einer das Beschenktwerden erleben darf; beschenkt werden von einem anderen, beschenkt werden von der Gemeinschaft, beschenkt werden von Gott; wo man Gnade erfährt: Nicht ich, sondern Gott macht mich reich!
Solche Erfahrungen – bedrückende wie beglückende – vereinen noch enger mit Jesus. Nicht nur ich, *wir alle* sind angewiesen auf einen Halt. Nicht nur ich, *wir alle* sind getragen von diesem neuen Stamm, den Gott durch seinen Sohn Jesus Christus in die Geschichte der Menschheit eingepflanzt hat. Jesus Christus – das Bruder-»Ich« in der «Wir«-Kette aller Menschen – heiligt alle diese Menschen, heiligt auch das kleine »Ich« meines eigenen Lebens.

Im erfahrenden Bekenntnis zur Kirche bekennt sich der Mensch zu seinem solidarischen Menschsein mit allen und bekennt zugleich, daß das Menschsein unserer Erde einen neuen Anfang genommen hat mit Jesus Christus.
Die Feier des Abendmahls schenkt das Erleben von beidem: der Wir-Erfahrung der Gemeinschaft und deren Gegründetsein in Jesus Christus. Die persönliche Frömmigkeit soll sich in all den feierlichen Riten und Gebeten der Kirche weiten; soll das Gegründetsein im Gebet der Kirche erfahren. Beides ist dort vereint: die geschichtsträchtige, weltweite kirchliche Form und die persönliche Gotteserfahrung.
In der persönlichen Entscheidung aber vereint sich beides: das Ergriffensein von Gott und die Verantwortung vor der Gemeinschaft; die persönliche Gotteserfahrung und das Erfahrungswissen von der Weite des Heils, die weiter und tiefer ist, als je eigene Erfahrung ermessen kann. Hier aber steht die Kirche. Ihre Wirklichkeit muß in die persönliche Entscheidung einfließen.
Jedem von uns ist die Kirche von heute schon zur Frage geworden; ihre Bürokratie; ihr Zaudern; ihr Eingehen auf den Zeitgeist oder ihr uneinsichtiges Verharren; ihre »Runzeln und Falten«. Aber heißt das nicht, daß gerade heute für unser Suchen und Beten die Kirche zum Anliegen werden muß? Es ist die Kirche Jesu, Jesus in seiner Kirche!
Kirche als Anliegen muß zum Gebet werden. Wo geschieht es richtiger als im eucharistischen Mahl?
Ich glaube an Gottes Geist, der in der Kirche lebt.
Ich hoffe auf Gottes Sohn, der die Kirche trägt.
Ich liebe die Kirche und mit ihr alle Menschen;
wir alle haben nur einen Vater: dich, o Gott.

Freund, was du tun willst, tue bald
(Joh 13, 27)

Judas scheint aus dem Bild hinauszufallen; doch der ganze Holzschnitt ist seitenlastig auf ihn hin. Aber wie eine Säule trägt der, um den es geht, die Szene. Johannes, der Lieblingsjünger an des Herren Brust, schmiegt sich in ein Dreieck von Geborgenheit ein. Er schläft – vertrauend? hilflos? oder gar flüchtend? Am Ölberg wird Jesus ihn finden »schlafend vor Trauer« (Lk 22,5).
Ihn umfaßt Jesus; doch seine Rechte greift aus. Wird sie die Linke des Judas noch fassen? oder will sie abweisen? Es heißt doch, daß der Himmel sich mehr über den einen Sünder als über neunundneunzig Gerechte freut!
In aller Bewegung bleibt Jesus selbst der Tragpfeiler des Bildes: seine überlegene Größe, seine Geste ohne Ablehnung, seine mitfühlende Traurigkeit, auch mit mir heute.
Es ist mein Bild, ob ich Judas oder ob ich Johannes oder ob ich sonstwer bin. Mein Leben, das – so oder so – von Jesu Leid getroffen und umgriffen wird. Wann ist mir bewußt geworden, wie sehr gemeinsames Leid bindet? zur Liebeseinheit verbindet?
Ignatius läßt beten: »Erbitten, was eigentlich beim Leiden zu erbitten ist: Schmerz mit dem schmerzerfüllten Christus, Zerbrochensein mit dem zerbrochenen Christus, Tränen, innere Qual über die große Qual« (203).
Leidender Jesus, birg mich an deiner Brust!
Leidender Jesus, greif nach mir, wenn ich versage!
Leidender Jesus, dein Leid sei mir Heil!

Ihr Berge, fallet über uns!
(Lk 23, 30)

Es ist einmaliges, vergangenes Geschehen und zugleich Schicksal der Menschheit, was wir da sehen und bei Lukas lesen. Da bricht einer zusammen unter dem Kreuz. Stemmt er sich ihm entgegen? Oder wird er vom Kreuz erdrückt? Umgreift er es als seinen letzten Halt? – im Kreuz den Willen Gottes?
Neugierig, auf Zehenspitzen, mit staunend-erschrockenen Händen neigt sich die Frauengruppe herab. Wird sie helfen oder die Last des Kreuzes noch mehren? Der Herr wendet sich den anderen zu, denen, die mit ihm trauern, die seine Last mitzutragen scheinen.
Besonders einer Frau wendet er sich zu; sie fällt auf die Knie, hebt hilflos erschüttert die Hände: Maria aus Magdala, die Sünderin, die ihm die Füße salbte – und ihr Heim wurde mit Wohlgeruch erfüllt.
Jesu Augen unter der Dornenkrone aber schauen weiter. Der Kreuzesstamm wurzelt in tiefer Erde; der Balken wächst über die Szene hinaus. Jesus sieht das Leid der Welt, mein Leid, unser Leid. Dieses Leid ist es, das ihn erdrückt und das er trägt. Sein Leid – unser Leid – mein Leid.
Nur weil er es trug, wird es uns nicht erdrücken. Nur weil er zur Sünde wurde, wird die Sünde uns nicht besiegen. Nur weil er gestorben ist, werden wir auferstehen.
Du, o Jesus, mein Leid ist Schuld an deinem Leiden.
Du, o Jesus, dein Leid ist unser Leiden.
Du, o Jesus, dein Leid hat unser Leiden besiegt.
Du, o Jesus, laß mich wagen, mit dir zu leiden.

Deine Seele wird ein Schwert durchdringen
(Lk 2, 35)

Das Neue Testament schweigt über die Begegnung des Kreuztragenden mit seiner Mutter. Der fromme Glaube aber konnte nicht daran zweifeln. Er zog seine Sicherheit über diese Begegnung von Mutter und Sohn aus der gleichen Gläubigkeit, mit der das Johannesevangelium den Abschied beider auf Golgota erzählt.
Wir sollten die Szene als ein Urbild, einen Archetyp in uns aufnehmen. Die Entscheidungsstunde der Menschheit wird durch sie eingeläutet: Untergang oder neues Licht? Die mächtigen Balken wollen über alle vier Bildränder hinaus die ganze Welt umspannen. Beide Figuren stürzen aufeinander – halten sie das Kreuz oder sind sie vom Kreuz gehalten? Aber es ist Jesus, der das Leid der Welt trägt. Auf ihm lastet das Gewicht des Kreuzes. Er umgreift den Balken. Und dennoch – Maria breitet die Arme aus; wie damals, als sie das Kind auf dem Schoß trug. Will sie helfen? Kann sie helfen? Wird sie helfen? »Weib, deine Stunde ist jetzt gekommen!« Maria versteht den Fingerzeig des Herrn, wie in Kana. Und damit wird die Szene zart. Die Augenpaare verstehen sich in stummer Zwiesprache.
Wir verstehen Leid, weil Jesus litt. Wir können helfen, in der Kraft des Leidens Jesu und seiner Mutter.
Mutter des Herrn, nimm uns hinein in deine Liebe!
Mutter des Herrn, nimm uns hinein in dein Leiden!
Mutter des Herrn, nimm uns hinein in dein Helfen!
Mutter des Herrn, nimm uns hinein in dein Hoffen!
Mutter des Herrn, führe uns zu deinem Sohn!

Nachsinnen über die Dunkelheit der Gottesbegegnung

Mit dem Holzschnitt vom Jakobskampf, jener unheimlichen Begegnung zwischen Schauer und Ehrfurcht, Angst und Hoffnung, begannen die Meditationen. Ignatius stellt in die Mitte seiner geistlichen Übungen die Meditation des Kreuzes – als Bewährung, als Kriterium, als Höhepunkt. Seine Entscheidung hat der Meditierende schon vorher getroffen in der Begegnung mit Jesus – jetzt wird er hineingeführt in den Todeskampf Jesu.

Ignatius hat es erfahren: Jede Begegnung mit Jesus führt über Golgota, führt über den Berg des Kreuzes. Jede Entscheidung für Jesus ist vom Schmerz gezeichnet. Deshalb gibt er genaue Anweisungen für die Meditation des Leidens: »Ich bemühe mich nicht darum, frohe, wenngleich gute und heilige Gedanken herbeizubringen, sondern indem ich mich selbst eher in Schmerz und Qual und Zerbrochenheit versetze, indem ich die Mühen, Plagen und Schmerzen Christi in häufiges Gedächtnis bringe« (206).

Jede Entscheidung, die über das »Ich« hinausführt, bereitet Schmerz. Im Frühling einer ersten Begegnung vergessen wir, daß Liebe stets auch ein Loslösen von sich selbst einschließt. Was damals als Glück erlebt wurde, als Hinschauen zum anderen, wird später als Leid erfahren, als Verlassen seiner selbst. Irgendwann erfährt jeder Liebende den Schmerz der Liebe. Dann schlägt die Stunde der Bewährung. War die Entscheidung nur zu eigenem Nutzen gefallen oder hatte sie den anderen im Blick?

Wer Gott begegnen will, muß die Tatsache und den Sinn dieser Grunderfahrung von Liebe akzeptieren. Deshalb stellt Ignatius den Meditierenden in diese Situation: »Als wäre ich in meiner Todesstunde, die Form und das Maß erwägen, die ich dann in der Weise der gegenwärtigen Wahl eingehalten haben wollte« (186).

In der christlichen Vergangenheit brachte die Karfreitagsmeditation diesen Zug des Schmerzes in die Entscheidung ein. Alle christliche Meditation hat irgendwann einmal die eigene Erfahrung am totalen Scheitern Jesu, an der Nacht des Kreuzes gemessen, und darin sich dem unbedingten Ja Jesu zum Vater gestellt. Erst die Tiefe des Schmerzes legt die Totalität der Liebe offen. Was vorher noch Gerede sein konnte, wird vor dem Kreuz zur unabweislichen Forderung: Es gibt keine Entscheidung für Gott, in der nicht auch die Dunkelheit des Nichtwissens und der Gottesferne eingeschlossen ist.

Wer sich auf dem Weg zur Entscheidung vor Gott einschwingen will in den Willen Gottes, muß diesen schmerzenden Zug der Liebe mithineinnehmen. Ignatius nennt diese Haltung die dritte »Weise der Demut«: »... wenn ich, um Christus, unseren Herrn, nachzuahmen und ihm aktualer ähnlich zu sein, mehr mit dem armen Christus Armut will und erwähle als Reichtum, Schmähungen mit dem davon erfüllten Christus mehr als Ehren« (167).

Das klingt hart. Mancher Psychologe wird die Haltung als abwegig wegweisen. Aber sie nimmt ihre menschliche Berechtigung aus der Tatsache des Sterbens. Der Tod ist für jeden Menschen totaler Abschied, Schmerz und Nacht. Die Philosophie aller Zeiten lehrt, daß der Mensch erst dann ein ganzer Mensch ist, wenn er zum Sterben Ja sagt, sich »ins Angesicht des Todes« stellt, das »Sein zum

Tod« akzeptiert. Menschliche Ehrlichkeit und christlicher Realismus bewegten Ignatius, die Kreuzesmeditation als Krise und Kriterium mitten in die geistlichen Übungen hineinzustellen. Menschliche Sehnsucht und christlicher Optimismus hoffen aber, daß jenseits davon ein Auferstehen liegt.

Die konkrete Entscheidung also soll – so will Ignatius in Übereinstimmung mit der Tradition – den Faktor der Dunkelheit miteinbeziehen; sie soll zwar wissen, daß Gotteserfahrung Ruhe und Frieden schenkt; aber darin sind Trauer und Leid nicht aus-, sondern eingeschlossen. Die Leidenswirklichkeit des Lebens darf nicht verdrängt, sondern muß bejaht und auf die Waagschale der Entscheidung gelegt werden. »Mußte nicht der Christus dies leiden?«, läßt Jesus die Emmausjünger wissen. Ignatius will, daß der Meditierende nicht das meditiert, was am meisten Befriedigung ausstrahlt, sondern das, was Jesus am nächsten kommt.

Und dann erst, auf dem Hintergrund dieses Ja zum Karfreitag, dürfen die innere Ruhe, das Erspüren des Friedens im Geist, die eigene Bewegtheit als Zeichen Gottes gelesen werden. Dann erst ist es eindeutig, daß es dem Meditierenden um ihn, um Jesus und Gottes Ehre geht – so wie Ignatius die Grundordnung und Grundlage der geistlichen Übungen formulierte: »Der Mensch ist geschaffen, um Gott unsern Herrn zu loben, ihm Ehrfurcht zu erweisen und zu dienen und mittels dessen seine Seele zu retten« (23).

Der Meditierende kann einen zweifachen Frieden finden: einen, der über alle Schmerzen dieser Zeit erhoben ist und von oben her Gutes tun möchte; einen anderen aber, der sich in die Leiden dieser Welt hineinstellt, dort sich nach dem großen anderen, nach Gott und seinem Frieden, sehnend ausstreckt und deshalb von innen gezwungen ist, jetzt schon Frieden auf dieser Welt zu stiften. Diesen Frieden soll der Christ suchen.

Hören wir nicht auf die Stimmen, die für diese Welt leidlosen Frieden verheißen. Es wäre ein bewegungsloser Friede des Todes. Jesu Kreuz lehrt, was ich immer schon ahnte: Leid kann Türen aufschließen, zum andern, zum Mitmenschen, zu Gott. Das tat Jesu Leid für alle.

Jesu Leid ist die Hoffnung meines Sterbens – daß sich im letzten Leid die Tür zum Letzten, zum Ewigen, zu Gott öffne. Jesus ist der Weg, die Tür. Und dort erst wartet der ganze Osterfriede. Jesus ist der Frieden.

Den Frieden Jesu meint Ignatius mit »Tröstung« und Gotteserfahrung. Deshalb stellt er das alte Gebet von der »Seele Christi« seinen Exerzitien voran: Wagen wir es doch einmal, dieses alte, naive Gebet ehrlich zu sprechen! Lassen wir doch den Hochmut der Selbstgewißheit beiseite und beten schlicht:

Seele Christi, heilige mich.
Leib Christi, rette mich.
Blut Christi, berausche mich.
Wasser der Seite Christi, wasche mich.
Leiden Christi, stärke mich.
Gütiger Jesus, erhöre mich.
In deinen Wunden berge mich.
Von dir laß nimmer scheiden mich.
Vor dem bösen Feind verteidige mich.
In meiner Todesstunde rufe mich
und heiße zu dir kommen mich,
mit deinen Heiligen zu loben dich
in Ewigkeiten ewiglich.
Amen.

Er ist auferstanden, er ist nicht mehr hier
(Mk 16, 6)

Die Einzelzüge des Bildes sind uns schon begegnet: die kosmisch-weiten Engelflügel – wie bei Elia; die Linie vom einen zu den drei Augenpaaren – wie bei den Jüngern; der weisende Finger – oft war er die Mitte des Holzschnitts. Jetzt aber sitzt der Engel fest und sicher auf der Grabplatte; bei den Frauen scheint keine Unsicherheit mehr da zu sein. Sie sind zwar überrascht von der Nachricht – wer wäre es nicht! – aber sie stehen in Bereitschaft zu glauben und die Botschaft weiterzugeben.

In den Auftrag ziehen die Flügel die Weite von Schöpfung, von Raum und Zeit, von Menschheit mit hinein.

Seltsam, Jesu Sieg über Sünde und Tod wird dort am sichtbarsten, wo er nicht mehr zu sehen ist: »Es ist gut für euch, daß ich gehe; denn ich werde euch den Geist, den Beistand senden« (Joh 16, 7).

Geist also heißt: Die geschlossene Szene öffnet sich, weist hinaus. Das Licht um den Engelfinger wird so allumgreifend sein wie die rauschenden Flügel. Die frohe Überraschung der Frauen wird sich ausbreiten »und die ganze Welt erfüllen« – wie es bei der Salbung vor dem Tod heißt (Mt 26, 13).

Ist das nicht auch meine reichste Auferstehungserfahrung: wenn ich weitergeben darf, schenken, einem anderen helfen, ihm von Jesus sagen?

Herr, schenke mir die Freude der Auferstehung.
Herr, gib mir die Zuversicht der drei Frauen,
daß ich hingehe im Dienst der Frohbotschaft,
daß ich Zeuge deiner Auferstehung werde.

Größer als alle Bäume
(Mk 4, 31 f.)

»Das Himmelreich gleicht einem Senfkorn. Bei der Aussaat ist es kleiner als alle Samen der Welt. Doch dann wächst es größer als alle Bäume.«
Viele christliche Dichter haben den Baum des Kreuzes besungen, den Baum des Lebens, an dem der hängt, der den Tod besiegt. Auf dem Holzschnitt wird der Baum selbst zum Leben, das sich an alle weiterschenkt. Von innen her steigt die Kraft, verströmt sich breit nach allen Seiten und schenkt sich weiter an die Menschen. Köpfe und Leiber türmen sich hoch und teilen aus, Hand über Hand, was sie aus der Mitte empfangen. Als breite Korngarbe wiegt sich der Baum im Windhauch und verstreut den Lebenssamen überallhin; als hohe Fontäne sprudelt er über vom Wasser des Lebens.
Die Leiber bilden die Gestalt, die Hände greifen das Leben, die Köpfe zeigen die Seele des Baumes. Die Innenhände legen einen Strahlenkranz um das Haupt Jesu; seine Herrlichkeit ist dieses Weiterreichen, Weiterstrahlen. An den unteren Gestalten kann man beobachten, wie die Hände nach ihm, dem Gekreuzigten, greifen, sich beschenken lassen; wie die Außenhände das Geschenk weitergeben in die Weite, an die anderen, an uns. Ein Bild von Contemplatio und Actio, von Meditation und Weitergeben, von Gebet und Tun.
Das Weiterschenken geschieht in Sensibilität. Ein Windhauch schon bewegt die Hände. Es braucht keine Mühe. Die Hände leben ja vom Weitergeben. Der Strahlenkranz der Innenhände aber leuchtet als Licht der Herrlichkeit, das den Herrn umglänzt. Die Lebensmitte nämlich ist er, Jesus, der Gekreuzigte. Meditation und Weitergeben, Gebet und Tun leben aus dem Leiden. »Wenn das Weizenkorn stirbt, trägt es viele Frucht« (Joh 12, 24). Der Gekreuzigte schenkt Leben, schenkt Erfahrung und schenkt Schenken.
Dieser Dreiklang der Liebe: Schmerz – Schauen – Schenken, erfüllt den ganzen Raum und will darüber hinaus erklingen in alle Welt; will »größer werden als alle Bäume«. Das Weizenkorn Jesu wächst zum Baum des Lebens.
Man ahnt, daß das Original des Holzschnitts größer, umgreifender ist, eine breite Wand, einen ganzen Raum erfüllen will. Alle Menschen sind gerufen.
Einer der vielen, der die Hand aufhält zu dem, der da leidet, und weitergeben will an die, die da warten, einer von ihnen soll ich sein.
Doch ich bin nicht allein, ich bin gehalten von der wogenden Gemeinschaft aller, die um Jesus den Kranz seiner Herrlichkeit winden; die Lebenskraft empfangen vom Kreuzesbaum des Lebens; die eingegliedert sind in seinen Leib.
Ein Glied bin ich, das am »Wachstum des Leibes wirkt zu dessen Auferbauung in Liebe« (Eph 4, 6). Größer als alle Bäume wächst dieser Baum. Und ich bin ein Ast an ihm; verbunden im Leid, schauend-schenkend, empfangend-gebend, betend-meditierend.
Geist Jesu Christi, laß mich schauen, laß mich empfangen vom Reichtum dessen, der am Kreuze siegt!
Geist Jesu Christi, laß mich weitergeben, was die Kraft des Kreuzes in meine Hände legt!
Geist Jesu Christi, greife über meine Hände hinaus zu allen Menschen, den Brüdern und Schwestern Jesu!

Zur Weiterführung:
»Und sie standen sofort auf und kehrten zurück«

(Lk 24, 33)

Alle Gottesbegegnungen der Bibel münden in neue Aufträge, in Sendungen. Elia wird von neuem zum Volk gesandt; Jakob wird Israel genannt, »Gotteskämpfer«, und ist damit Stammvater des Volkes; Maria wird einen Sohn gebären; die Apostel, die Jesus »rief, damit sie bei ihm seien«, werden »ausgesandt zur Predigt des Evangeliums« (Mk 3, 13); die Emmausjünger kehren zurück, um den Mitaposteln die Botschaft vom Auferstandenen zu bringen.

Ignatius beendet die Exerzitien mit dem Schluß der Evangelien, der Rückkehr Jesu zum Vater, der Himmelfahrt. Das Pfingstgeschehen, die Sendung der Apostel, die Aufgabe der Kirche wird nicht eigens formuliert und meditiert; das »Pfingstgeschehen« begleitet die ganzen geistlichen Übungen. Es ist überall dort, wo einer im Meditieren Jesu seinen eigenen Weg erkennt.

Exerzitien bilden ein existentielles Verständnis von Jesus. Je mehr die Betroffenheit von Jesus wächst, um so klarer erkennt der Meditierende den eigenen Weg. Geistliche Übungen sollen selbst Pfingsten sein für den, der geistlich übt.

Das Betroffensein von Gott in Jesus und das Hinaustreten in die Sendung, in das Zeugnis für Jesus hat Ignatius in der »Betrachtung, um Liebe zu erlangen«, beschrieben. »Die Liebe muß mehr in die Werke als in die Worte gelegt werden« (230). Wir dürfen ergänzen: Christliche Erfahrung ist erst dann voll sie selbst, wenn sie weiterführt in das Wirken; geistliche Übungen sind erst dann zu Ende gebracht, wenn sie zum Werk der Liebe werden.

Als erstes soll der Meditierende das Beschenktsein neu erfahren: »mit großer Hingabe abwägen, wieviel Gott unser Herr für mich getan hat« (234). Zwar ist die Liebe immer zweiseitig, »Mitteilung von beiden Seiten« her (231); doch wenn der eine Partner Gott ist, kann der Mensch nur zurückgeben, was ihm gegeben wurde. Deshalb endet dieser erste Schritt des Meditierens im Gebet: »Nehmt Herr, und empfangt meine ganze Freiheit, mein Gedächtnis, meinen Verstand und meinen ganzen Willen, all mein Haben und mein Besitzen. Ihr habt es mir gegeben; Euch, Herr, gebe ich es zurück« (234).

Im zweiten Schritt weitet sich der Dialog auf die ganze Schöpfung. Sie hat Dasein und Alles von Gott. Das »Ich« wird zum schöpfungsweiten »Wir«. Christliche Exerzitien sind immer zugleich existentiell, »mich«anfordernd – weil nur ich, der einzelne Mensch, sich in Verantwortung entscheiden kann – und menschen- und welt-weit – weil ich bis in die Tiefe eingebettet bin in die Schöpfung.

Als drittes soll der so typisch ignatianische Zug der aktiven Liebe meditiert werden, »wie Gott sich in allen geschaffenen Dingen auf dem Angesicht der Erde für mich müht und arbeitet« (236). Ignatius trifft ein modernes Anliegen. Das Wirken, das Tun ist der Ort, wo der Mensch sich selbst findet; Selbstverwirklichung liegt im Wirken. Aber es muß ein Wirken und Tun in Verantwortung sein – Ant-Wort auf Gottes Wirken, Ant-Wort auf Gottes Auftrag. Die Krise des 20. Jahrhunderts liegt nicht im Schöpfungsauftrag: »Macht euch die Erde untertan« (Gen 1, 28), sondern darin, daß der Mensch dies tut ohne Gott, sogar gegen Gott, ohne Ver-Antwort-ung vor

Gott. Menschliche Verwirklichung muß Antwort sein auf Gottes Wirken.
Ein viertes Mal soll Liebe meditiert werden unter dem ignatianischen Stichwort »de arriba« – von oben herab. »Schauen, wie alle Güter und Gaben von oben herabsteigen, wie von der Sonne die Strahlen herabsteigen, vom Quell die Wasser usw.« (237). Die mystische Tradition des Mittelalters liebte den Satz aus dem Jakobusbrief: »Alle gute Gabe und alles vollkommene Geschenk steigt von oben herab, vom Vater der Lichter« (1, 17). Daran liest Ignatius den Dienst der Liebe ab. Gott hat den Weg des Fleisches nicht gescheut. Jesus hat sich zum Diener der Menschen gemacht. Er band sich die Schürze um und wusch seinen Jüngern die Füße: »Ein Vorbild habe ich euch gegeben, damit auch ihr tut, wie ich euch getan habe« (Joh 13, 15).
Dies ist Ziel der geistlichen Übungen und letztes Kriterium der Entscheidung: Der Dienst der Liebe. Auf dem Weg nach Emmaus legt Jesus den beiden Jüngern die Worte der Schrift aus. Unser Titelbild läßt den linearen Hintergrund scharf kontrastieren zum Schwung der drei Leiber. Der Hintergrund besagt Weg, der sich weitet in die Welt hinein. Die drei Leiber aber schmiegen sich ineinander, sind zur einzigen Bewegung geworden: der lehrende Jesus und die lauschenden Jünger. Alle drei aber gehen in die offene Welt.
Geistliche Übungen sind Geformt-Werden von Jesus und von ihm Gesandt-Werden in die Welt. Was kann ich tun? – Mich mit diesem Jesus von Nazaret beschäftigen, mich in seine Person, sein Leben und Wirken, sein Sprechen und Sterben hineinvertiefen. Dann darf ich mit Ignatius gewiß sein, daß mich der Anspruch Jesu treffen wird: »Denn kein Wort, das von Gott kommt, wird kraftlos sein« (Lk 1, 37 in der wörtlichen Übersetzung des Engelwortes). Gottes Kraft, der Anspruch Jesu Christi aber will mein Wirken; will mein Tun; will meine Liebe. »Die Liebe muß mehr in die Werke als in die Worte gelegt werden« (230). Die Erfahrung von Gott übersteigt sich in ein Tun aus Gott – so wie es Jesus als Mensch-gewordenes Wort, als sichtbar-gewordene Offenbarung lebte; so wie Gott selbst sein ewiges Leben in Jesus Christus ausgelegt hat: Gottes Sein ist Liebe, ist Dienst der Liebe.

Daß ich nicht taub sei für deinen Ruf!
Daß ich nicht blind sei für deinen Fingerzeig!
Daß ich nicht fühllos sei für deinen Anstoß!
Daß ich nicht zaudernd sei vor der Entscheidung!
Daß ich nicht untätig sei bei deinem Wirken!

Eine Fülle von Spannungen durchzieht das Geschehen der Geistlichen Übungen: Gott und Mensch; Einsamkeit der Übung und Gemeinschaft in der Frucht; methodisches Bereiten und freie Gnade Gottes; Bild und Geheimnis; Auge und Ohr; Einsicht und Entscheidung; Konzentration des Übens und Kriterium des Lebens;
Einmaligkeit und Dauer; und vieles andere. Der Einheitspunkt aber all der Beziehungen ist Jesus der Herr. Deshalb steht die Meditation seines Lebens in der Mitte der Geistlichen Übungen. In ihm wird es ein für allemal gewiß, daß »jene Liebe, die mich bewegt und diese Sache wählen läßt ... von oben herabsteigt, von der Liebe Gottes« (184). Wer ihn meditiert, tritt ein in die Geistlichen Übungen.

Durch den Geist ist Gottes Liebe in unsere Herzen ausgegossen

(Röm 5, 5)

Der Holzschnitt zieht den Blick nach oben: vom offenen Rund des Bodens, über die sich reckenden Gestalten mit dem Kranz von Händen – Köpfen – Händen, hin zum strahlenden Lichtball. Es sieht eher aus wie Himmelfahrt oder Liturgie vom göttlichen Anfang und Ende, nicht wie die Herabkunft des Geistes.

Aber Pfingsten ist immer auch Feier der Vollendung des Wirkens Jesu auf Erden, der Heiligung der christlichen Gemeinschaft durch den Geist. Joel, der Prophet, hat den Tag des Herrn, den Tag von Gottes endgültiger Herrschaft, ineins geschaut mit dem Pfingstfest. Petrus zitiert ihn vor dem Volk (Apg 2, 17): »Und es wird geschehen in den letzten Tagen, spricht Gott, da werde ich ausgießen von meinem Geist, und eure Söhne und Töchter werden weissagen.«

Im Holzschnitt ist Pfingsten zuerst das Fest der Vollendung: »Der Geist des Herrn erfüllt den Erdkreis« (Weish 1, 17). Die Apostel mit Maria verehren den göttlichen Lichtquell als Mitte; wie eine Schale öffnen sie sich – mit ihnen der ganze Erdkreis – zur Kraft der göttlichen Sonne. Vorhergehende Holzschnitte wurden durch die Dynamik der Bewegung fast gesprengt. Hier aber ist alles gesammelt und nach oben hin gerichtet. Dort liegt die Kraft Gottes, die Kraft der Menschen, die Kraft der Liebe. Die Bewegung der geistlichen Übungen scheint noch einmal weitergeführt zu sein; über den Dienst in der Kirche an den Menschen hinaus in die Vollendung vor Gott. Doch diese Weiterführung ist zugleich eine Tief-führung: Jede Begegnung mit Jesus reicht hinein in die Vollendung Jesu. So spricht Jesus: »Wo ich bin, wird der sein, der mir dient. Wer mir dient, den wird der Vater ehren« (Joh 12, 26). Stimmt das? Wo ist die Vollendung? Die Herrlichkeit? Die Gemeinde, die offen ist für Gottes Geist? Wo erfahre ich heute schon Gottes Herrlichkeit? An keinem Ort, der nicht geöffnet ist durch unser Hören auf Gott und der nicht geweitet ist durch unseren Dienst an den Menschen – doch dann gibt es für mich, den Christen, drei Brennpunkte, von wo aus mir gewiß wird, daß Gott da ist, daß Jesus gesiegt hat, daß sein Geist den Erdkreis erfüllt. Der Ort des Betens! Wer Jesus meditiert, ihm begegnet, sich von seiner Liebe anschauen läßt, der steht in Gottes Herrlichkeit, lebt in der Geist-Gegenwart. Der Ort des Herrenmahls! Wir beten im dritten Hochgebet: »Gott, durch deinen Sohn, unseren Herrn Jesus Christus, und in der Kraft des Heiligen Geistes erfüllst du die ganze Schöpfung mit Leben und Gnade.«

Der Ort des Dienstes der Liebe an den Menschen und deshalb an Gott. Alles ist nichtig, wenn die geistlichen Übungen nicht dort enden, wo »Gottes Liebe in unsere Herzen ausgegossen ist durch den Heiligen Geist« und wirksam werden im Dienst der Liebe.

Geist Gottes, laß deine Liebe in uns brennen!

Jesus Christus, laß dein Wirken in uns Frucht tragen!

Vater im Himmel, laß deine Heiligkeit in uns, in allen Menschen vollkommen sein!

Gott, du Drei-Einer, laß uns mit dir eins werden, wie du eins bist als Vater, Sohn und Geist!